La dispute des sorcières

Agnès Bertron est née en 1960 à Saint-Germain-en-Laye. Elle vit dans le sud de la France avec son mari et leurs quatre fils. Auteur de littérature enfantine, elle privilégie les textes courts, destinés à être dits à haute voix. Depuis 1996, sa passion des mots et de la scène lui fait parcourir la France pour interpréter elle-même, dans les écoles et les théâtres, les histoires qu'elle invente. Ses romans sont publiés chez Castor Poche et Bayard Jeunesse.

Du même auteur dans Bayard Poche :
Flora, chanteuse d'opéra - Flora part à Pékin - La marmaille de la reine - Mousse et Toupet vont à l'école - La rentrée de la maîtresse (Les belles histoires)
Le jardin de la sorcière - Charlie le fantôme (J'aime lire)

Frédéric Rébéna est né en 1965 à Clermont (dans le département de l'Oise). Après des études à l'E.N.S.A.D., il se tourne vers la bande dessinée. Illustrateur, il travaille essentiellement pour la presse, l'édition et la publicité. Il réalise également des pochettes de disques. Ses albums sont publiés aux éditions Syros, Nathan, Casterman, Albin Michel, Hachette, Le Seuil, Actes Sud, Bayard Jeunesse et Tourbillon.

Du même illustrateur dans Bayard Poche :
Le blouson déchiré (J'aime lire)

Dépôt légal : février 2005
Loi du 16 juillet 1949 sur les publications destinées à la jeunesse.

La dispute des sorcières

Une histoire écrite par Agnès Bertron
illustrée par Frédéric Rébéna

J'AIME LIRE
BAYARD POCHE

1
Le coup de foudre

Chaque année, Cramoche et Pustule, deux sorcières cousines, se présentent au grand concours de sorcellerie. Et, chaque année, elles sont éliminées dès le premier tour.

L'an dernier, après son numéro raté, Cramoche a même reçu en pleine figure des limaces pourries, la pire des humiliations !

Alors Cramoche et Pustule ont décidé d'unir leurs pouvoirs magiques. Ensemble, elles vont prendre leur revanche !

Ce soir-là, Pustule a invité Cramoche chez elle. Elle lui demande :

– Tu m'as dit que tu connaissais une formule pour tout aspirer en un clin d'œil ?

Cramoche répond fièrement :

– Bien sûr, c'est ma spécialité !

– Alors voilà, reprend Pustule. Puisque notre numéro se passe au bord du lac, tu plonges. Grâce à ta formule, tu captures tous les poissons. Tu me les rapportes, et je les transforme.

– En crapauds, soupire Cramoche ! Tu transformes toujours tout en crapauds.

– Oui, mais en crapauds phosphorescents*, crie Pustule avec enthousiasme. Imagine ces crapauds, brillant dans la nuit ! On va nous acclamer. Nous aurons enfin le premier prix !

* Qui brillent dans le noir.

Cramoche se tord la bouche :

– Oui, mais... je ne sais pas nager ! Si je plonge, je me noie et, alors, impossible de prononcer la formule !

Pustule réfléchit :

– Il faut que tu apprennes à nager. Ne compte pas sur moi, je déteste l'eau.

Dès le lendemain, Cramoche court à la piscine. Elle enfile un maillot de bain en peau de rat. Elle repère un groupe d'enfants qui entourent un moniteur.

Quand le moniteur leur dit : « Sautez », Cramoche saute courageusement.

Aussitôt, elle coule à pic comme une pierre. Mais un monsieur a tout vu. Vite, il plonge et repêche Cramoche, qui a bu la tasse.

Sur le bord du bassin, il lui tapote les joues :

– Eh bien, jeune fille, ça va mieux ? Vous m'avez fait peur...

C'est monsieur Alain, le maître des enfants. Il fait asseoir Cramoche et lui apporte une serviette. Cramoche ne le quitte pas des yeux. Elle boit ses paroles comme une potion magique. Jamais personne ne s'est occupé d'elle comme ça !

Quand monsieur Alain quitte la piscine, elle le suit, perchée sur son balai. Elle le suit jusqu'à l'école, puis jusque dans sa rue, et elle se pose sous sa fenêtre. Dans la nuit noire, Cramoche prend une grande décision : « Demain, je déménage pour m'installer ici ! »

Ses yeux pétillent comme du soda à l'escargot. Elle est amoureuse !

2
Cramoche déménage

Le lendemain, au réveil, Cramoche bondit sur ses pieds :

– Il n'y a pas une minute à perdre. Je veux que mon amoureux m'aime comme un fou ! L'amour, pour ne pas faire souffrir, doit être partagé !

Cramoche entasse dans sa valise tout ce qui peut lui être utile pour se faire aimer.

Avant de grimper sur son balai, elle frappe chez Pustule.

– Alors, lui demande Pustule, tu sais nager ?

– Oh oui, je nage dans les délices de l'amour !

Pustule est inquiète :

– Non, mais, ça va pas, la tête ? Qu'est-ce que tu racontes ?

– Chère cousine, je suis amoureuse ! Il s'appelle monsieur Alain. Je déménage. Je vais m'installer à côté de chez lui.

Pustule demande :

– Et le concours ?

Cramoche rit :

– Le concours ! Je m'en fiche comme de mon premier balai !

Pustule attrape Cramoche par les cheveux :

– Quoi ? J'ai passé ma nuit à essayer de transformer mon poisson rouge en crapaud phosphorescent ! Je ne te laisserai pas détruire notre projet !

Et elle arrache le balai des mains de Cramoche. Elle le lui fracasse sur la tête :

– Voilà qui va te remettre les idées en place !

Cramoche, furieuse, se jette sur les flacons de Pustule en criant :

– Ce n’est pas une minable sorcière qui se mettra en travers de mon amour !

Pustule hurle :

– Non ! Pas mon flacon de pipi de chauve-souris ! Ah ! Tu vas me le payer !

Et Pustule ouvre grand la valise de Cramoche. Elle vide tout par terre. Elle déchire le grimoire de Cramoche avec ses dents, elle saute à pieds joints sur la queue de son chat.

Alors, Cramoche tire Pustule par la jambe jusqu'à l'armoire à chauves-souris.

Elle claque la porte de l'armoire sur sa cousine et l'enferme à double tour :

– Jamais je ne te pardonnerai ! Je ne veux plus jamais revoir tes chaussures percées et tes gros orteils crasseux. Adieu !

Cramoche ramasse son élevage de crapauds terrorisés, son grimoire à moitié déchiré, son chat à la queue cassée. Et elle part à pied, puisqu'elle n'a plus de balai.

3
Cadeaux d'amour

En fin d'après-midi, Cramoche arrive, épuisée mais heureuse, devant l'immeuble de monsieur Alain. Elle s'installe sous les toits, dans un grenier abandonné. En déballant ses affaires, elle soupire :

– Mon matériel est en mauvais état. Mais rien n'est impossible quand on aime !

Cramoche a une idée :

– Je vais offrir un cadeau à monsieur Alain. Voyons ce que j'ai de plus beau... C'est ce crapaud ! »

Cramoche prend le crapaud dans ses mains :

– C'est un vrai crapaud de sorcière, rapporté d'Écosse par ma marraine. Ce n'est pas un poisson rouge transformé par cette minable de Pustule !

Elle attache un mot au cou du crapaud :

Elle regarde le crapaud et lui dit en langage crapaud :

– Deviens l'ami de monsieur Alain ! Berce-le de tes coassements et cajole-le de tes baisers gluants !

– Promis, répond le crapaud en embrassant Cramoche une dernière fois.

Cramoche avance sur la pointe des pieds jusqu'à l'appartement de monsieur Alain. Elle fait tourner son ongle crochu dans la serrure. Hop ! la porte s'ouvre.

Cramoche se glisse dans l'appartement. Elle dépose, sans bruit, le crapaud. Puis elle rentre chez elle et s'endort en faisant de beaux rêves.

Mais, au lever du jour, elle est réveillée par des coassements suppliants. Elle ouvre la porte et découvre le crapaud qui gémit :

– Crois-moi ! J'ai passé une nuit atroce ! Ton maître d'école m'a poursuivi à coups de tapette à mouches. Il a failli m'arracher une patte et me crever les yeux. Il déteste mes baisers !

Cramoche est effondrée. Mais elle se reprend :

– Mon cadeau ne lui a pas plu. J'ai une meilleure idée. Le cadeau, ce sera moi ! Je vais me faire belle comme le diable. Monsieur Alain ne pourra pas résister à ma beauté envoûtante.

Aussitôt, Cramoche met ses boucles d'oreilles en squelette de lézard et étale du sang à lèvres sur sa bouche. Elle s'asperge de son parfum « Nuit d'enfer ».

Enfin elle s'admire dans son miroir cassé :

– Je suis irrésistible !

4
Monsieur Alain a des ennuis

Ce matin, monsieur Alain est de très mauvaise humeur. Il a passé une nuit horrible ! Son bébé a pleuré dix fois. Et, en plus, il a dû faire la chasse à un affreux crapaud :

– Comment cette sale bestiole a-t-elle pu entrer dans ma chambre ?

Monsieur Alain a sommeil, et il est en retard. Il boucle son cartable quand on frappe à la porte.

Monsieur Alain ouvre. Cramoche le regarde en souriant :

– Bonjour, monsieur…

Monsieur Alain fait la grimace et claque la porte en disant :

– Glups ! Je n'ai besoin de rien… Merci !

Monsieur Alain a envie de vomir son petit déjeuner :

– On laisse rentrer n'importe qui dans cet immeuble ! Cette dame empestait. Elle devait être représentante en produits pour cabinets.

Il sort de chez lui et se traîne péniblement jusqu'à l'école. Cramoche le suit, en douce.

Pas question de le quitter ! Bien sûr, elle est déçue par l'effet de sa tenue. Mais elle n'a pas dit son dernier mot. Elle serre précieusement un petit flacon dans sa main.

C'est un philtre-pour-ne-plus-se-quitter, un philtre qu'elle a préparé. Elle pense : « À la cantine, je le verserai dans le verre de monsieur Alain. Il me regardera et alors il ne pourra plus vivre sans moi... »

Quand monsieur Alain arrive dans sa classe, la directrice l'attend. Elle a les bras croisés, le regard noir :

– Vous avez vu l'heure ? C'est inadmissible ! Vos élèves ont fait un chahut terrible.

Et la directrice sort en claquant la porte.

5
Drôle de classe

Cramoche s'est cachée dans le couloir, sous les manteaux. Par la porte entrouverte, elle a tout vu, tout entendu. « Monsieur Alain a des ennuis, pense-t-elle. Mais il ne connaît pas sa chance ! Il est aimé par une sorcière ! »

Le maître dit à ses élèves :

– Prenez vos cahiers, et écrivez la date.

Mais les élèves n'obéissent pas : ils parlent, s'agitent et font tomber leurs crayons.

Monsieur Alain est un maître adorable. Mais, parfois, il dit des choses qu'il ne pense pas. Et, ce matin, il est très énervé. Il crie :

– Arrêtez de gigoter ! J'aimerais vous voir suspendus au plafond comme des saucissons !

Quand elle entend ça, Cramoche passe vite les mains à travers la porte en chuchotant :

– Suspends-ti, suspends-toi ! Hop !

Et, hop ! les élèves se retrouvent accrochés au plafond.

Le maître est affolé :

– Qu'est-ce que c'est que cette blague ? Descendez tout de suite !

Cramoche tend son doigt crochu et dit :

– Plouf !

Et, plouf ! les enfants retombent sur leurs chaises en rebondissant comme des ballons. Monsieur Alain pense qu'il devient fou. Il dit à ses élèves :

– Prenez vos livres de lecture.

Mais les élèves sont sonnés par ce qui vient de leur arriver. Ils ne bougent pas d'un poil.

Monsieur Alain perd patience :

– Vous n'êtes qu'un paquet de guimauve. Si je pouvais vous secouer un bon coup...

Justement, Cramoche connaît la formule qui peut exaucer le vœu de son amoureux :

– Superturbo, méli-mélo, vite, vite, bravo !

Aussitôt, les élèves se mettent à bouger comme des robots prêts à disjoncter.

Monsieur Alain panique :

– Non, pardon ! Qu'est-ce que j'ai dit ? Arrêtez ! Par pitié, arrêtez !

Cramoche pense : « Tu ne sais pas ce que tu veux, mon bel amoureux ! Bon, d'accord, à tes ordres ! » Elle siffle :

– Stop à stop, hop !

Hop ! Les enfants s'arrêtent. Monsieur Alain pousse un énorme soupir et il propose :

– Allons faire une partie de football dehors, cela nous fera du bien !

Et tout le monde file dans la cour. Cramoche suit monsieur Alain en rasant les murs. Mais les élèves la voient, et ils crient :

– Maître, attention ! Une sorcière !

Monsieur Alain crie :

– Calmez-vous ! Je n'aurai donc jamais la paix ? Si seulement vous étiez invisibles et muets, quel bonheur ce serait...

Monsieur Alain est un maître adorable. S'il a parlé comme ça, c'est à cause de la fatigue et de l'énervement. Il n'en pense pas un mot. Cramoche, qui s'est cachée de nouveau, tend son doigt vers les élèves :

– Invivi, insisi, invisibles et muets ! Paf !

Et, paf ! tous les élèves disparaissent comme des bulles de savon qui éclatent.

6
Des élèves invisibles

Monsieur Alain écarquille les yeux :

– Mes élèves ! Où sont-ils ? Cette blague n'est pas drôle du tout !

Mais ses élèves restent invisibles. Monsieur Alain est catastrophé :

– Qu'est-ce que j'ai dit ? C'est affreux !

Il court dans tous les sens. Il cherche sous les bancs, dans la poubelle. Il grimpe dans l'un des arbres de la cour, mais il ne trouve personne.

La directrice arrive à ce moment-là :

– Que faites-vous là-haut ? Et où sont vos élèves ?

Monsieur Alain bafouille :

– Mes élèves ? Je ne sais pas... Ils étaient là, et ils ne sont plus là ! Ils doivent être en train de faire pipi ! Oui, c'est ça, ils sont aux toilettes !

La directrice a les yeux qui lui sortent de la tête. Elle hurle :

– Et pourquoi n'êtes-vous pas en train de les surveiller ? Je vais faire un rapport ! Retrouvez vos élèves, puis venez dans mon bureau.

Monsieur Alain reste seul dans la cour. Il cherche ses élèves en sanglotant. Cramoche tend la main. Elle va prononcer la formule, mais la sonnerie de la cantine retentit. Elle pense : « Ah ! J'oubliais le philtre ! Je dois le vider dans le verre de mon chéri ! »

Cramoche sort le flacon de sa poche. Elle court vers la cantine. Juste à ce moment-là, une sorcière agrippée à son balai surgit du ciel et pique vers elle.

C'est Pustule. Elle renverse Cramoche d'un coup de manche. Elle lui saute dessus et l'assoit de force sur son balai :

– Tu ne pensais pas t'en tirer comme ça ? J'ai besoin de toi pour le concours, compris ? Alors, tu viens avec moi !

Cramoche se tortille. Elle bourre Pustule de coups de pied et lui tord le nez :

– Jamais ! Je ne veux plus que tu fourres ton sale nez bouffi dans mes affaires.

Pustule ricane :

– Je préfère mon nez bouffi à tes gros mollets poilus.

Les deux sorcières se jettent l'une sur l'autre et roulent en gesticulant comme un monstre à huit pattes. Quelle bagarre ! Monsieur Alain n'a jamais vu ça.

La directrice arrive. Elle attrape le balai pour séparer les deux sorcières :

– Il est interdit de se battre dans ma cour !

7
Le philtre

Les deux sorcières lèvent la tête. Pustule demande :

– Qui c'est, celle-là ?

La directrice attrape Pustule par l'oreille :

– On ne parle pas sur ce ton à une directrice ! J'attends des excuses.

Pustule se dégage, furieuse. Cramoche sent que c'est le moment de venger son amoureux. Les deux sorcières se regardent : elles sont d'accord. Sans se dire un seul mot, elles se jettent sur la directrice.

Et toutes les trois s'écroulent, assommées.

Aussitôt, les enfants réapparaissent dans la cour. En les voyant, monsieur Alain est fou de joie. Il retrouve enfin ses esprits. Il se précipite vers la directrice et lui donne des claques pour la ranimer. Mais elle ne bouge pas. Les élèves crient :

– Maître, maître, regardez le flacon, là !

C'est la fiole de Cramoche, la fiole pleine de philtre-pour-ne-pas-se-quitter. Monsieur Alain hésite... Mais les élèves l'encouragent :

– Allez-y, maître !

Alors, il fait boire quelques gouttes à chacune. Le résultat est immédiat.

Toutes les trois ouvrent les yeux comme si elles sortaient d'un rêve.

– Pustule adorée, crie Cramoche, comme tu m'as manqué !

– Cramoche ! Nous ne nous séparerons plus jamais. Filons préparer notre numéro.

La directrice supplie :

– Et moi, je peux venir ?

Pustule lui sourit :

– Savez-vous nager, charmante dame ?

– Je nage comme une sirène, promet la directrice.

Cramoche et Pustule lui sautent au cou :

– À nous trois, nous gagnerons le concours des sorcières !

La directrice rit aux éclats :

– Oh, oui ! Devenir une vraie sorcière, c'est mon rêve !

Et, à cheval sur le balai, elles décollent et disparaissent dans le ciel. Monsieur Alain et ses élèves sautent de joie :

– Hourra ! Youpi !

Monsieur Alain reconnaît :

– Finalement, le flacon, c'était une bonne idée. Je devrais vous écouter plus souvent. Je crois qu'à l'école une nouvelle vie va commencer. Et sans sorcière…

Princesse Zélina

Plonge-toi dans les aventures de Zélina, la princesse espiègle du royaume de Noordévie.

Dévore des romans pleins de rebondissements et découvre l'univers passionnant de l'intrépide princesse.

Un journal intime à partager avec la princesse Zélina. À lire et à compléter.

Retrouve le journal intime de Zélina dans le magazine *Astrapi*.

Tous les 15 jours chez ton marchand de journaux ou par abonnement.

Achevé d'imprimer en février 2005 par Oberthur Graphique
35000 RENNES – N° Impression : 6233
Imprimé en France